Los mellizos del tiempo

The Time Twins

Stephen Rabley

Pictures by Élisabeth Eudes-Pascal

Spanish by Rosa María Martín

b small publishing

Tom y Sofía van de vacaciones. Son mellizos.

Cada verano visitan a sus abuelos.

En el coche, Sofía lee un libro.

"¿De qué trata tu libro?" pregunta mamá.

"Trata del antiguo Egipto", dice Sofía.

A Sofía le gusta la historia. Su libro tiene muchos dibujos.

Tom mira la carretera. Piensa en la comida.

"¿Estamos cerca, papá?" pregunta. "Tengo hambre."

Papá sonríe. "Siempre tienes hambre. Ya estamos cerca."

Tom and Sophie are going on holiday. They're twins.
Every summer they visit their grandparents.
In the car, Sophie is reading a book.
"What's your book about?" asks Mum.
"It's about ancient Egypt," says Sophie.
Sophie loves history. Her book has lots of pictures.
Tom is looking at the road. He's thinking about lunch.
"Are we nearly there, Dad?" he asks. "I'm hungry."
Dad smiles. "You're always hungry. We're nearly there."

El abuelo es inventor. Después de comer pregunta
a los mellizos: "¿Queréis ver mi nueva máquina?"
"¡Oh, sí, por favor!"
"¿Qué es?" pregunta Sofía. "Parece un reloj grande."
"Sí", dice el abuelo. "¡Pero en realidad es una máquina
del tiempo! Puede ir a diferentes países y años.
No está terminada aún, pero –"
"¡Enrique! ¡Teléfono!" grita la abuela.
El abuelo deja el reloj. "¡Ya voy!"

4

Grandpa is an inventor. After lunch, he asks
the twins, "Do you want to see my new machine?"
"Oh, yes, please!"
"What is it?" asks Sophie. "It looks like a big watch."
"Yes," says Grandpa. "But it's really a time-
machine!   It can go to different countries and years.
It's not finished yet, but –"
"Henry! Telephone!" shouts Grandma.
Grandpa puts down the watch. "OK, I'm coming."

Tom mira el reloj. "¡Es fantástico!"

"¿Puede ir a Egipto?" pregunta Sofía.

Tom coge el reloj. "¡Sí! Si hago esto..."

"¡Ten cuidado!" dice Sofía.

"Vale, no voy a apretar el botón de *arranque*."

Pero Tom pisa un poco de aceite.

Sus pies se levantan del suelo.

"*¡Aaaaay!*" Agarra el brazo de Sofía.

Hay un gran relámpago de luz azul, y...

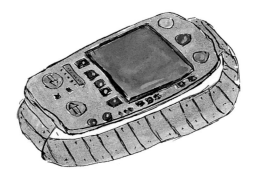

Tom looks at the watch. "This is amazing!"

"Can it go to Egypt?" asks Sophie.

Tom picks up the watch. "Yes! If I do this..."

"Be careful!" says Sophie.

"OK, I'm not going to press the *Go* button."

But Tom steps on some oil.

His feet leave the floor.

"*Whoaah!*" He grabs Sophie's arm.

There's a big blue flash of light, and...

Tom mira alrededor. "¿Dónde estamos?" pregunta.
Todo está en silencio. Los mellizos están en una colina.
"Tom", dice Sofía despacio. "Este lugar está en mi libro.
Está en Egipto. ¡Se llama El Valle de los Reyes!"
Tom mira el reloj del tiempo del abuelo.
"¡… y estamos en el pasado, hace 3.350 años!" grita.
 Los mellizos quieren descubrir más cosas.
Bajan corriendo la colina hasta la cueva más cercana.

8

Tom looks around. "Where are we?" he asks.

It is very quiet. The twins are standing on a hill.

"Tom," says Sophie slowly. "This place is in my book.

It's in Egypt. It's called The Valley of the Kings!"

Tom looks at Grandpa's time-travel watch.

"… and we're in the past, 3,350 years ago!" he shouts.

The twins want to find out more.

They run down the hill to the nearest cave.

En la cueva hay muchos dibujos bellísimos.

"¡Guau! Mira éstos", dice Sofía.

"¡Schss!" susurra Tom. "Veo a un hombre. Allí."

"Está terminando ese dibujo", dice Sofía.

Se esconden detrás de una caja de piedra grande.

Después de un rato, el pintor sale.

Tom mira dentro de la caja. Se oye un pequeño ruido.

"¡Oh no!" susurra, pero entonces Sofía dice:

"Escucha, Tom. Oigo música."

In the cave, there are lots of beautiful paintings.
"Wow! Look at these," says Sophie.
"Ssh!" whispers Tom. "I can see a man. There."
"He's finishing that painting," says Sophie.
They hide behind a big stone box.
After a few moments, the painter leaves.
Tom looks into the box. There is a small sound.
"Oh no!" he whispers, but then Sophie says,
"Listen, Tom. I can hear music."

11

La música es más fuerte. No pueden irse ahora.

Un hombre alto entra en la habitación.

"Yo soy Paneb. ¿Quiénes sois vosotros?" pregunta.

Tom abre la boca, pero no habla.

Sofía tiene que pensar rápidamente.

"¡Somos hijos de pintores!" dice.

"Eso es", dice Tom. "¿Podemos quedarnos y mirar?"

Paneb está callado un momento.

"Podéis quedaros", dice con voz fría.

12

The music is louder. The twins can't leave now.

A tall man walks into the room.

"I am Paneb. Who are you?" he asks.

Tom opens his mouth, but he doesn't speak.

Sophie must think quickly.

"We're the painter's children," she says.

"That's right," says Tom. "Can we stay and watch?"

Paneb is quiet for a moment.

"You can stay," he says, in a cold voice.

Hay mucha gente en la habitación. Hace mucho calor.

La gente canta y llora.

Por fin, Paneb dice: "¡Estamos listos. Traed al rey!"

Seis hombres llevan al rey muerto a la habitación.

Está en un bellísimo ataúd de oro.

Los mellizos lo ven todo.

"¡Es Tutankamon!" le susurra Sofía a Tom.

"¡Es un rey muy, *muy* famoso!"

14

There are lots of people in the room. It is very hot.
People are singing and crying.
Finally, Paneb says, "We are ready. Bring the king!"
Six men carry the dead king into the room.
He is in a beautiful gold coffin.
The twins watch everything.
"It's Tutankhamun!" Sophie whispers to Tom.
"He's a very, *very* famous king!"

Una hora más tarde, todos empiezan a marcharse.

Sólo Paneb, Tom y Sofía se quedan en la habitación.

"¡Adiós!" dice Paneb.

"¿Adiós? No entiendo", dice Sofía.

"Vosotros sabéis demasiado", dice Paneb.

"Tenéis que quedaros aquí con el rey – para siempre."

Paneb se va, y los mellizos oyen un ruido muy fuerte.

Sofía mira a Tom. Su cara está pálida.

One hour later, everyone begins to leave.

Only Paneb, Tom and Sophie stay in the room.

"Goodbye!" says Paneb.

"Goodbye? I don't understand," says Sophie.

"You know too much," says Paneb.

"You must stay here with the king – for ever."

Paneb leaves, and the twins hear a very loud noise.

Sophie looks at Tom. His face is pale.

Tom empuja la gran piedra. No hay salida.

"¿Qué hacemos ahora?" dice.

Sofía sonríe. "No te preocupes, Tom. Podemos volver a casa. Tenemos el reloj del tiempo."

Pero Tom no sonríe. "No, no lo tenemos."

"¿Qué quieres decir?" pregunta Sofía.

De repente recuerda las dos palabras de Tom: ¡*Oh no*!

"¡Está ahí!" dice Tom. Y señala la caja de piedra.

18

Tom pushes the big stone. There is no way out.

"What do we do now?" he says.

Sophie smiles. "Don't worry, Tom. We can go home.
We've got the time-travel watch."

But Tom doesn't smile. "No, we haven't."

"What do you mean?" asks Sophie.

Suddenly she remembers Tom's two words: *Oh no!*

"It's in there!" says Tom. He points at the stone box.

Hay una tapa muy pesada sobre la caja.

"Esto está muy mal", dice Sofía. "Muy mal."

"Tenemos que moverla", dice Tom.

Los mellizos empujan la tapa. Por fin, se mueve.

Tom mete la mano en la caja.

"¡Ya lo tengo!" grita. Entonces mira a Sofía.

"¿Qué botón es *Casa*?"

Sofía recuerda las palabras del abuelo:

"*No está terminada aún…*"

There is a heavy lid on top of the box.

"This is bad," says Sophie. "Very bad."

"We must move it," says Tom.

The twins push the lid. At last, it moves.

Tom puts his hand into the box.

"I've got it!" he shouts. Then he looks at Sophie.

"Which is the *Home* button?"

Sophie remembers Grandpa's words:

"*It's not finished yet…*"

Aprietan el botón azul...

¡*Zuum*! Están en una jaula.

Un hombre muy grande los está mirando.

"Los leones tienen mucha hambre hoy", dice.

Empieza a abrir la jaula.

"¡Socorro!" grita Sofía. "Esto es la antigua Roma!

¡Nos va a echar a los leones!

Aprieta otro botón, Tom. ¡Ahora!"

Tom aprieta el botón amarillo...

They press the blue button...

Whoosh! They are in a cage.

A very big man is looking at them.

"The lions are very hungry today," he says.

He begins to open the cage.

"Help!" Sophie shouts, "This is ancient Rome!

He's going to throw us to the lions!

Press another button, Tom. Now!"

Tom presses the yellow button...

23

De repente, los mellizos están en un teatro.

Ahora dos hombres los están mirando.

"¿Quiénes son éstos?" pregunta el hombre mayor.

"¿Son los nuevos Romeo y Julieta?"

"No creo, señor Shakespeare", dice el otro hombre.

Sofía sonríe. "¡Hola! ¿Es usted realmente William
Shakespeare? Es fantástico… ¿Puedo preguntarle…"

"Perdona, Sofía", dice Tom. "Tenemos que irnos."

Y aprieta el botón rojo.

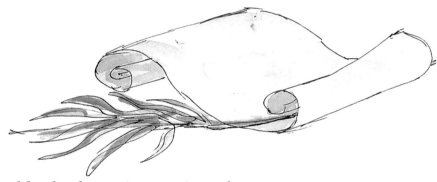

Suddenly the twins are in a theatre.

This time two men are looking at them.

"Who are they?" asks the older man.

"Are they the new Romeo and Juliet?"

"I don't think so, Mr Shakespeare," says the other man.

Sophie smiles. "Hello! Are you really William
Shakespeare? This is amazing… Can I ask you…"

"Sorry, Sophie," says Tom. "We must go."

He presses the red button.

"¿Adónde vamos?" pregunta Sofía.

Y abre los ojos. "¡Tom, estamos en casa!" grita.

Pero Tom no sonríe. La mira fijamente.

"¿Qué pasa?" pregunta Sofía.

Tom dice despacio: "¿Dónde están tus piernas, Sofía?"

Sofía mira hacia abajo. ¡Sus piernas no están ahí!

"¡Oh no!" grita. "¿Qué me pasa?

¡Ayúdame, Tom! ¡No puedo salir del pasado!"

"Where are we going?" Sophie wonders.

She opens her eyes. "Tom, we're home!" she shouts.

But Tom isn't smiling. He's staring at her.

"What's wrong?" asks Sophie.

Tom says quietly, "Where are your legs, Sophie?"

Sophie looks down. Her legs aren't there!

"Oh no!" she cries. "What's happening to me?
Help me, Tom! I can't leave the past!"

> ¡Qué bien se está aquí!

"Sofía, tienes una pesadilla", dice Tom.

"¡Despierta! ¡Estamos aquí, en casa del abuelo!"

Sofía abre los ojos despacio. Tom la mira.

"¿Qué quieres decir: *No puedo salir del pasado*?"

Sofía lo mira… entonces mira sus piernas… y por fin
su libro del antiguo Egipto. Sonríe.

"Nada. ¡Qué bien se está aquí!"

"Sophie, you're having a bad dream," says Tom.
"Wake up! We're here – at Grandpa's!"
Sophie opens her eyes slowly. Tom is staring at her.
"What do you mean: *I can't leave the past*?"
Sophie looks at him… then at her legs… and finally at
her book about ancient Egypt. She smiles.
"Nothing. It's good to be here!"

Después de comer, el abuelo enseña su nuevo invento
a Sofía y a Tom: un par de zapatos eléctricos.
"¡Guau! ¡Son fantásticos!" dice Tom.
Sofía coge un viejo cuaderno y lo abre.
"Ah, mis ideas para el futuro", dice el abuelo.
"No puedo hacerlo ahora, pero quizás un día…"
Entonces Sofía lo ve. El reloj del tiempo.
Toca el dibujo en el cuaderno.
"Sí", dice en voz baja. "Quizás un día…"

After lunch, Grandpa shows his new invention
to Sophie and Tom: a pair of electric shoes.
"Wow! These are amazing!" says Tom.
Sophie picks up an old notebook and opens it.
"Ah, my ideas for the future," says Grandpa.
"I can't make them now, but perhaps one day…"
Then Sophie sees it. The time-travel watch.
She touches the picture in the notebook.
 "Yes," she says quietly. "Perhaps one day…"

Quiz

You will need some paper and a pencil.

1 Can you match the words? Find the pairs and write them down.

book	música
king	reloj
painting	**libro**
music	dibujo
watch	rey

Adiós.	Amazing!
¡Fantástico!	Yes please.
Hola.	I'm hungry!
Sí, por favor	Goodbye.
¡Tengo hambre!	Hello.

2 Turn to the pages to find the words. Can you say them in Spanish?

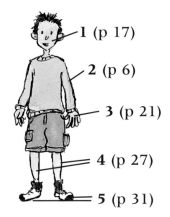

1 (p 17)
2 (p 6)
3 (p 21)
4 (p 27)
5 (p 31)

3 Which word makes a true sentence from the story? Copy and write the true sentences.
1 Oigo *música / leones*.
2 Es un *hombre / rey* muy famoso.
3 Estamos en casa del *abuelo /* de *papá*.
4 Aprieta el *reloj / botón*, Tom!

¡Muy bien!

Well done!

Answers
1 book libro king rey painting dibujo music música watch reloj Adiós Goodbye Fantástico Amazing Hola Hello Sí, por favor Yes, please Tengo hambre I'm hungry
2 1 face cara 2 arm brazo 3 hand mano 4 legs piernas 5 shoes zapatos
3 1 música 2 rey 3 abuelo 4 botón